BEI GRIN MACHT SICH IHR WISSEN BEZAHLT

AF144446

- Wir veröffentlichen Ihre Hausarbeit,
  Bachelor- und Masterarbeit

- Ihr eigenes eBook und Buch -
  weltweit in allen wichtigen Shops

- Verdienen Sie an jedem Verkauf

Jetzt bei www.GRIN.com hochladen und kostenlos publizieren

Bibliografische Information der Deutschen Nationalbibliothek:

Die Deutsche Bibliothek verzeichnet diese Publikation in der Deutschen National-
bibliografie; detaillierte bibliografische Daten sind im Internet über http://dnb.d-
nb.de/ abrufbar.

Impressum:

Copyright © 2007 GRIN Verlag, Open Publishing GmbH
Druck und Bindung: Books on Demand GmbH, Norderstedt Germany
ISBN: 9783640514953

Dieses Buch bei GRIN:

http://www.grin.com/de/e-book/141119/die-theorie-der-leistungsmotivation-nach-
john-atkinson

Rebecca Elisabeth Meyer

Die Theorie der Leistungsmotivation nach John Atkinson

GRIN Verlag

GRIN - Your knowledge has value

Der GRIN Verlag publiziert seit 1998 wissenschaftliche Arbeiten von Studenten, Hochschullehrern und anderen Akademikern als eBook und gedrucktes Buch. Die Verlagswebsite www.grin.com ist die ideale Plattform zur Veröffentlichung von Hausarbeiten, Abschlussarbeiten, wissenschaftlichen Aufsätzen, Dissertationen und Fachbüchern.

Besuchen Sie uns im Internet:

http://www.grin.com/

http://www.facebook.com/grincom

http://www.twitter.com/grin_com

Seminar: Lernmotivation

Wintersemester 2006/07

Die Theorie der

Leistungsmotivation

nach John Atkinson

Rebecca Elisabeth Meyer,

LA Gym D/ Eng/ DaF/ Kuge

5. Semester

Inhaltsverzeichnis

1. Begriffsdefinitionen „Leistungsmotiv" und „Leistungsmotivation"   1

2. Das Risikowahl-Modell von John Atkinson   2

    2.1 Hoffnung auf Erfolg   2

    2.2 Furcht vor Misserfolg   3

    2.3 Resultierende Tendenz   4

    2.4 Ringwurfversuch von Atkinson und Litwin   4

3. Der thematische Apperzeptionstest (TAT)   5

4. Schlussfolgerung aus Sicht eines Lehrers   6

5. Quellenangaben   7

1. Begriffsdefinitionen „Leistungsmotiv" und „Leistungsmotivation"

Als Einstieg in unser Thema „Die Theorie der Leistungsmotivation nach John Atkinson" wählten wir zunächst die zentralen Begriffe der Leistungsmotivation und des Leistungsmotivs. So schreibt Zimbardo (1995: 436): „Es scheint kein universelles Leistungsmotiv zu geben. Bei vielen Menschen ist jedoch das Bedürfnis nach Leistung Ansporn und Lenker des Verhaltens. Es beeinflusst auch ihre Wahrnehmungen vieler Situationen und Interpretationen eigenen und fremden Verhaltens". Hiermit wird ausgedrückt, dass es nicht einen speziellen Grund gibt Leistung zu erbringen. Die Motive sind individuell unterschiedlich, das heißt, dass Menschen persönliche Gründe haben, warum sie eine Leistung erbringen. Durch das Leistungsmotiv[1] ist nicht nur das Verhalten, sondern auch die eigene Wahrnehmung verzerrt.

Besonders Henry Murray[1] befasste sich mit dem Leistungsmotiv. Im Jahre 1938 postulierte er in seinem Werk *„Explorations in personality"* neben anderen Bedürfnissen das Bedürfnis nach Leistung, welches als Bedürfnis nach dem Bewältigen von Aufgaben, die als Herausforderung erlebt werden, definiert wird. Das „Bedürfnis, etwas zu leisten" fällt bei unterschiedlichen Menschen verschieden stark aus und beeinflusst die Neigung von Menschen nach Erfolg zu streben und ihre eigenen Leistungen zu beeinflussen. Sein Ziel bestand darin, diese Bedürfnisse (Motive) im Sinne von überdauernden Dispositionen anhand bestimmter Indikatoren sichtbar zu machen.

Die Leistungsmotivation ist „die als überdauernde Persönlichkeitsvariable angesehene Tendenz eines Individuums, eine als relevant erscheinende Aufgabe ausdauernde und zielgerichtet bis zu einem Erfolg zu bearbeiten. Die individuelle Ausprägung der Leistungsmotivation wird zurückgeführt auf prägende Erfahrungen im Kindesalter [...]. Zur psychometrischen Erfassung der Leistungsmotivation werden neben Fragebogen, projektive Tests eingesetzt, deren Antwort im Hinblick auf die Dimensionen „Hoffnung auf Erfolg" bzw. „Furcht vor Misserfolg" ausgewertet werden."[2] Dies bedeutet, dass die Leistungsmotivation die resultierende Tendenz eines emotionalen Konflikts zwischen „Hoffnung auf Erfolg" (Gefühl des Stolzes), also dem Erfolgsmotiv, und „Furcht vor Misserfolg" (Gefühl der Scham), dem Misserfolgsmotiv, ist.

---

[1] amerikanischer Psychologe, lehrte an Harvard, Gründer der Boston Psychoanalytikgesellschaft, lebte von 1893-1988.
[2] Aus: Faktum Lexikoninstitut: *Lexikon der Psychologie.* S.262.

2. Das Risikowahl-Modell von John Atkinson

John Atkinson[3] versucht in seiner Theorie, die Frage, *welche von unterschiedlichen Leistungsaufgaben eine Person in einer bestimmten Situation auswählt,* zu beantworten. Er betrachtet die Leistungsmotivation als Ergebnis eines Konflikts zwischen Annäherungs- und Vermeidungstendenzen. Dieser emotionale Konflikt entsteht aus den Gefühlen des Stolzes und der Scham. Mit jeder leistungsbezogenen Handlung ist die Möglichkeit auf Erfolg und Misserfolg vorhanden. Das heißt, dass man beim Lösen einer Aufgabe in einem Konflikt steht, der aus der „Hoffnung auf Erfolg" und „Furcht vor Misserfolg" resultiert. Ob man nun eine Aufgabe bzw. Leistung in Angriff nimmt, hängt von diesen Komponenten ab. So ist es nachvollziehbar, dass man auf der einen Seite „hofft" jene Aufgabe erfolgreich zu bewältigen, allerdings sich auf der anderen Seite „fürchtet" es nicht zu meistern und damit einen Misserfolg erlangen würde. Auf dieser Grundlage basiert Atkinsons Risikowahl-Modell, das er 1957 in seinem Artikel „Motivational determinants of risk-taking behavior", eine der einflussreichsten motivationspsychologischen Publikationen, postulierte. In diesem formalisierten Modell der Leistungsmotivation werden nicht nur die situativen Faktoren (der Anreiz und Schwierigkeitsgrad einer Aufgabe), sondern auch der Personenfaktor (das Leistungsmotiv) berücksichtigt. So kommt es dazu, dass Atkinson in seinem Risikowahl-Modell das Leistungsmotiv in eine negative Vermeidungskomponente und eine positive Annäherungskomponente aufsplittet, es jedoch schafft diese beiden Komponenten mit einer situationsabhängigen Erfolgserwartung in Formeln zu verknüpfen.

2.1 Hoffnung auf Erfolg

Atkinson stellte für die positive Annäherungstendenz (Te), also die Tendenz Erfolg anzustreben, eine Formel auf, die sich aus dem Produkt des Leistungsmotivs (Me), welches zeitlich stabil ist, der subjektiven Erfolgswahrscheinlichkeit (We) und des subjektiven Anreizes des Erfolgs (Ae) ergibt.

I.a. $Te = Me \times We \times Ae$

Dabei geht Atkinson davon aus, dass sich der subjektive Anreiz des Erfolgs (Stolz) aus der Gegenwahrscheinlichkeit der subjektiven Erfolgswahrscheinlichkeit ergibt.

I.b. $Ae = 1 - We$

---

[3] John Atkinson wurde 1915 in New Jersey, USA geboren. Seine gesamte Karriere machte er an der University of Michigan. Sein Interesse galt interindividuellen Unterschieden. Außerdem war er Lehrer B. Weiners und Gegner der Triebtheoretiker. (Atkinson 1964)

So kann man sagen, dass bei leichten Aufgaben bei denen die subjektive Erfolgswahrschein-lichkeit hoch ist, der subjektive Anreiz des Erfolgs niedrig ist. Es ist wichtig zu erwähnen, dass mit einem niedrigen subjektiven Anreiz des Erfolgs ein geringer Stolz einhergeht.

Mit Hilfe der Formel lässt sich eine inverse Abhängigkeit zwischen Erfolgswahrscheinlichkeit und Erfolgsanreiz bestimmen.

2.2 Furcht vor Misserfolg

Auch für die negative Vermeidungstendenz (Tm), das heißt die Tendenz Misserfolg zu vermeiden, stellte Atkinson eine Formel auf, die sich aus dem Produkt des Motivs, Misserfolg zu vermeiden (Mm), welches stabil ist, der subjektiven Misserfolgswahrscheinlichkeit (Wm) und dem negativen Anreiz des Misserfolgs (Am) ergibt.

II.a. $Tm = Mm \times Wm \times Am$

Hierbei nimmt Atkinson an, dass die subjektive Misserfolgswahrscheinlichkeit (Wm), da sie das Gegenteil zur subjektiven Erfolgswahrscheinlichkeit (We) bildet, sich deshalb auch aus der Gegenwahrscheinlichkeit der subjektiven Erfolgswahrscheinlichkeit (We) ergibt.

II.b. $Wm = 1 - We$

Da der Anreiz des Misserfolgs negativ ist, erhält die Formel ein negatives Vorzeichen, wird aber schematisch ähnlich wie der Erfolgsanreiz (Ae) aus der Gegenwahrscheinlichkeit der subjektiven Misserfolgswahrscheinlichkeit (Wm) gebildet, da Misserfolg und Erfolg komplementär zueinander sind.

II.c. $Am = -(1 - Wm)$

Da der negative Anreiz des Misserfolgs zu einem negativen Ergebnis führt, kommt es auch zu einem negativen Ergebnis der Tendenz Misserfolg zu vermeiden (Te).

Um eine Abhängigkeit zwischen dem negativen Anreiz des Misserfolgs und der subjektiven Erfolgswahrscheinlichkeit zu beweisen, werden an dieser Stelle die Formeln der jeweiligen Variable genutzt.

Siehe II.b. $Wm = 1 - We$ $\rightarrow We = 1 - Wm$

Siehe II.c. $Am = -(1 - Wm)$ $\rightarrow \underline{Am = -We}$

Zur Veranschaulichung soll hier ein Beispiel dienen. Liegt die subjektive Erfolgswahrscheinlichkeit (We) bei 90%, so liegt die subjektive Misserfolgswahrscheinlichkeit (Wm) bei 10%. Da aber der negative Anreiz des Misserfolgs sich aus der negativen Erfolgswahrscheinlichkeit ergibt, liegt dieser bei –90% und ist daher verbunden mit großer Scham.

2.3 Resultierende Tendenz

Die resultierende Tendenz (Tr) ergibt sich aus der Summe der Tendenz Misserfolg zu vermeiden (Tm) und der Tendenz Erfolg anzustreben (Te)und ist deshlab mit der Leistungsmotivation gleichzusetzen. Ist diese resultierende Tendenz größer als 0, wendet sich die Person der Leistungsaufgabe zu. Ist sie kleiner als 0 vermeidet die Person die Leistungsaufgabe.

III.a. $\quad Tr = Te + Tm$

III.b. $\quad \underline{Tr = (Me - Mm) \times [\, We \times (1 - We)]}$

Die hier als letztes aufgeführte Formel ist das Resultat des Risikowahl-Modells Atkinsons. Diese besteht aus dem Produkt der Personenkomponente (Me – Mm) und der Situationskomponente (We x Wm). Wenn Me größer als Mm ist, so ist die entsprechende Person erfolgsmotiviert und daher gewillt die Aufgabe zu meistern. Atkinson stellte die These auf, dass Erfolgsmotivierte bevorzugt Aufgaben im mittleren subjektiven Schwierigkeitsbereich wählen sollten, da sie sich dort maximal anstrengen und auch maximale Ausdauer zeigen. Ist Me allerdings kleiner als Mm, so ist die jeweilige Person misserfolgsmotiviert und wird deshalb die Aufgabe meiden. Atkinson behauptete, dass Misserfolgsmotivierte generell leistungsbezogene Aufgaben meiden, ansonsten Aufgaben mittlerer Schwierigkeit meiden um negative Affekte zu minimieren.

2.4 Ringwurfversuch von Atkinson und Litwin

Mit Hilfe des Ringwurfversuchs von Atkinson und Litwin aus dem Jahr 1960[4] kann man Atkinsons Thesen überprüfen. In diesem Experiment sollten die Versuchspersonen Ringe über einen Pflock werfen, dabei konnten sie die Entfernung, die in 15 Stufen variierte, frei wählen. Diese Stufen waren markiert und dienten als Indikator der vermuteten Aufgabenschwierigkeit. Vor dem Experiment wurden Erwartungen aufgestellt. Man vermutete, dass Erfolgsmotivierte mittelschwere Abstände wählen, da diese im Gegensatz zu den schweren Abständen mindestens kleine Erfolge garantieren und bei eventuellem Misslingen rechtfertigbar sind, weil der Abstand zum Pflock nicht kurz war und daher als Herausforderung anzusehen ist. Misserfolgsmotivierte hingegen, so dachte man, würden einfache oder schwere Abstände bevorzugt wählen. Eine geringe Distanz zum Stab ermöglicht mit hoher Wahrscheinlichkeit einen erfolgreichen Wurf. Ein großer Abstand vom Stab hingegen geht mit einer geringen Erfolgserwartung einher. Diese Extreme würden im Fall des Gelingens bei einfachem Abstand ihnen das eigene Können beweisen oder bei schwerem Abstand, da dieser eine

---

[4] Siehe dazu: Atkinson & Litwin (1960): 53-63.

Herausforderung darstellt, ihnen Bestätigung geben und sie aufbauen. Die Risikowahl zwischen einer leichten Aufgabe, bei der man zwar mit höher Wahrscheinlichkeit eine Erfolg hat, ein Misserfolg aber sehr weh tut, und einer schweren Aufgabe, bei der man kaum Erfolg hat, der aber, wenn er dann eintritt, besonders gut tut, geht offensichtlich bei vielen Menschen unentschieden aus.

Die Motivationsprägungen variierten in diesem Versuch als unabhängige Variablen. Das Leistungsmotiv wurde anhand des Thematischen Apperzeptionstests (TAT), der 1938 von dem amerikanischen Psychologen Henry Murray entwickelt wurde, erfasst. Das Misserfolgsmotiv wurde mit Hilfe der Prüfungsangst, der Test Anxiety Questionaire (TAQ) erfasst.

Man kam zu den Ergebnis, dass Erfolgsmotivierte, wie es auch angenommen wurde, am häufigsten mittelschwere Aufgaben wählen. Misserfolgsmotivierte allerdings wählen entgegen den Erwartungen nicht die Extrembereiche. So zog man das Fazit, dass alle Versuchspersonen, Misserfolgsmotivierte genauso wie Erfolgsmotivierte, die mittlere Schwierigkeit bevorzugen.

3. Der thematische Apperzeptionstest (TAT)

Der thematische Apperzeptionstest oder auch Auffassungstest wurde 1938 von Henry Murray entwickelt. Bei diesem Test werden den Personen Bilder mehrdeutiger, meist sozialer Situationen vorgelegt mit der Aufgabe für diese Geschichten zu erfinden, in denen beschrieben wird, was die Menschen in diesen Szenen tun und denken, was zu dem Ereignis geführt hat und wie die Geschichte ausgehen wird.[5] Der TAT ist ein projektives Messverfahren, da die Versuchspersonen verborgene und unbewusste Bedürfnisse (Motive) in ihre Geschichten projizieren. Für diesen Test wurden Leitfragen erstellt, z.B.:

- Um was für eine Situation handelt es sich?
- Wer sind die beteiligten Personen?
- Wie ist es zu dieser Situation gekommen?
- Was hat sich vorher ereignet?
- Was denken die Personen, was fühlen sie, was wollen sie?
- Wie wird die Geschichte weiter- bzw. ausgehen?

Die Auswertung erfolgt durch Punktvergabe für leistungsbezogene Vorstellungsinhalte.

---

[5] Zimbardo, P.G.(1995): Psychologie. S.549, Berlin: Springer.

Der Diagnostiker wertet Struktur und Inhalt der Geschichten und das Verhalten der erzählenden Person aus. Dabei wird versucht einige der Hauptanliegen und Persönlichkeitseigenschaften herauszufinden. So könnte der Diagnostiker beispielsweise eine Person als „gewissenhaft" bezeichnen, wenn sie in ihren Geschichten über Personen berichtet, die ihre Verpflichtungen erfüllt.

Der Test kann zum Einem bei Patienten angewendet werden, um emotionale Probleme aufzudecken, zum Anderen bei normalen Personen, um dominante Bedürfnisse zu diagnostizieren, beispielsweise Bedürfnisse nach Anschluss, Leistung und Macht (Heckhausen 1989; McClelland 1961).[6]

Jedoch ist der TAT umstritten, da die dargestellten Szenen veraltet sind und es keine Richtlinien gibt, welche der vielen Bilder man für die jeweiligen Personen verwenden soll. Außerdem wird die Übereinstimmung zwischen der getesteten Person und der dargestellten Person problematisiert. Hinzu ist die Retestreliabilität, also die Zuverlässigkeit, dass bei Wiederholung des Tests es zu den gleichen Ergebnissen kommt, niedrig. Das kann unterschiedliche Gründe haben, z.B. das ein anderer Diagnostiker andere Fragen bevorzugt stellt oder andere Bilder verwendet werden, aber auch dass die Person aufgrund der zeitlichen Distanz zum vorherigen TAT und durch Ereignisse aus diesem Zeitraum andere Geschichten assoziiert.

4. <u>Schlussfolgerung aus Sicht eines Lehrers</u>

Als Lehramtsstudentin machte ich mir Gedanken über die Folgen, die Atkinsons und Murrays Ergebnisse für mein späteres Verhalten im Beruf des Lehrers haben.

Der wichtigste Punkt für mich ist die Erkenntnis, dass erfolgsmotivierte genauso wie misserfolgsmotivierte Schüler Aufgaben von mittelschwerer Schwierigkeit bevorzugen. Ich denke, dass dies ein erfüllbarer Anspruch, psychologisch wie pädagogisch, an einen Lehrer ist, da Schüler stets eine Herausforderung an ihren Aufgaben haben sollten, damit Leistung nicht als etwas selbstverständliches angesehen wird, aber vor allem, weil sonst der Anreiz fehlt. Außerdem würden Schüler sonst auf ihrem Leistungsniveau stagnieren und sich langweilen. Werden zu schwere Aufgaben gewählt, so hätten Schüler das Gefühl nicht mitzukommen und würden Versagensängste bekommen, was nicht das Ziel eines Unterrichts sein darf. Eher sollten Schüler mit Motivation und Freude am Lernen teilnehmen. Um diese

---

[6] Zimbardo, P.G.(1995): Psychologie. S.549, Berlin: Springer.

Voraussetzungen eines guten Lernens schaffen zu können, ist vordergründig der Lehrer verantwortlich.

5. <u>Quellenangaben</u>

- Atkinson, J.W. (1964): *An introduction to motivation.* Princeton, New Jersey: Van Nostrand.
- Atkinson, J.W., Litwin, G.H. (1960): Achievement motive and test anxiety conceived as motive to approach success and motive to avoid failure. *Journal of Abnormal and Social Psychology.*
- Heckhausen, H. und J. (1989): *Motivation und Handeln*, 2.Auflage. Berlin: Springer.
- Faktum Lexikoninstitut (Hrsg.)(2000): *Lexikon der Psychologie.* S.262, Bassermann Verlag.
- Murray, H.A. (1938): *Explorations in personality.* New York: Oxford University Press.
- Rudolph, U. (2003): *Motivationspsychologie*, Weinheim: Beltz.
- Zimbardo, P.G. (1995): *Psychologie.* S. 436 ff., S. 549, Berlin: Springer.
- „Theorie der Leistungsmotivation":
  http://arbeitsblaetter.stangl-taller.at/MOTIVATION/MotivationModelle.shtml, 16.01.2007, 10.00 Uhr.